Domenico
SCARLATTI

THREE SUITES

FOR PIANO

K 02165

CONTENTS

1.

PRELUDIO

Domenico Scarlatti, Heft. I.

sfz p
poco a
poco crescendo
ff
fz
dimin.
crescendo
ff

2.
TOCCATA

Allegro con brio, quasi presto
ten.
mf
sfz
ten.
mf
leggierissimo
tr
p
Ped.
sfz
tr
p
mano sinistra sopra
Ped.
a)
tr
sfz
f
tr
p
Ped.
sfz
f
tr
p
Ped.
f
tr
p
Ped.
ff
p
f
p
sfz
fp
f
Ped.
Ped.
Ped.
Ped.
sfz
f
p
sfz
f
p
sfz
a)
b) wie unter a)

cresc.
f
e
più f.
ff ten.
Ped.
Ped.
Ped.
Ped.
Ped.
dimin.
p
cresc.
brillante
f
dimin.
f
più f
p subito
cresc.
leggiero
p cresc. poco a poco
f
ff
marcato
ten.

ten.
Ped. Ped. Ped. Ped.
ten. ten.
p
non legato
f
p
f
dimin.
p
p cresc.
brillante
f
dimin.
p
ff
p subito
cresc.
f
mf
cresc.
f
ff
marcato
Ped.

3.

SARABANDE

Moderato, ma deciso.
legato
f
mf
f
dimin.
sf
p
cresc.
f
sf
a)
tr
f
dimin.
p
tr
m.d.
1.
cresc. — — f — — ffz
m.d. dimin.
m.s.
a)

4.
BURLESCA

Allegretto con moto

f
f p
cresc.
f
p
cresc.
mf
f
molto cresc.
ff
p subito
cresc.
p

f
pp
crescendo
ff
diminuendo
fz
p
rfz
p
rfz
p
ten.
rfz
f
più f
ten.
ff

5.

MENUETTO

Andantino grazioso
m.s.
dolce espressivo
p
marcato
cresc.
sf
dim.
p
sf
dim.
sempre legato
p
p
espr.
mf

mf
cresc.
f
teneramente
dimin.
espr.
cresc.
f
ten.
cantabile
p
cresc.
p
legato
ten.
cresc.
f
sf
ten.
espr.
ritardando
a tempo
dolce
dimin.
sf p
p
pp

sempre legato
cresc.
molto espr.
espr.
cresc.
f
p
f
p subito cresc.
sfz
p
espr.
f
p
sf
molto
crescendo
e
ritenuto
f

6.

GIGUE

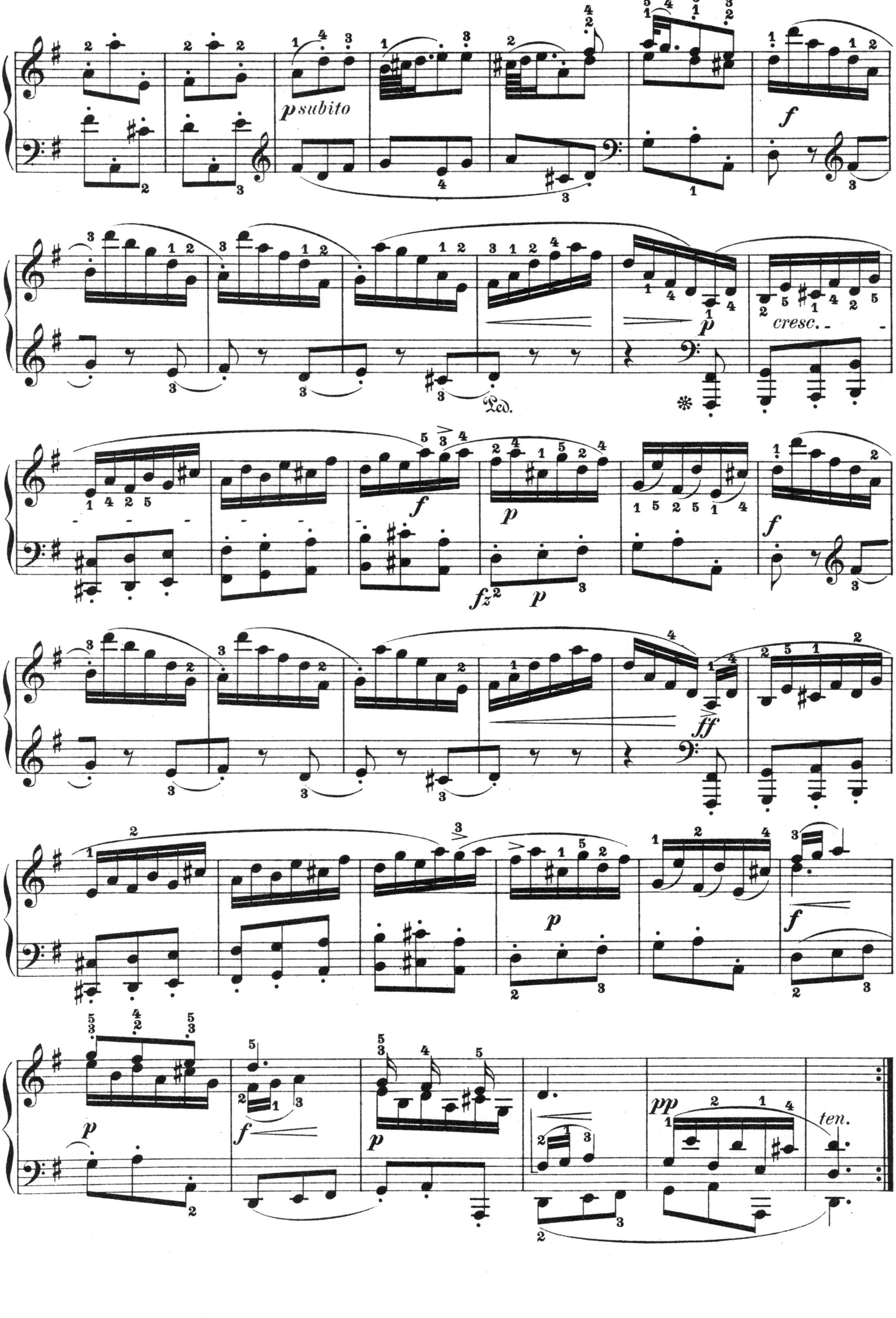
p subito
f
p
cresc.
Ped.
f
p
fz
p
f
ff
p
f
p
f
p
pp
ten.

1.

SONATE

Domenico Scarlatti, Heft II.

Allegro con brio.

leggierissimo
p staccatissimo
f
p
scherzando
p
p
p
poco rall.
p cresc.
f
Quasi Andante.
pp
f
Ped.
p
Ped.
Ped.
Ped.
Ped.
Tempo I.
p cresc. ed accel.
sfz
f
ff
sfz
ten.

2.

FUGA

sempre p
dim.
p
f
3
mf
dim.
mf
p
dim.
f
dolce
ten.
mf
cresc.
f
p

p
mf
dim.
p
dim.
pp
p ma
marcato
f
p
mf
m.d.
m.s.
cresc.
f
poco a poco _ _ rallentando _ _ ad Adagio
ff
sempre ff

3.

COURANTE

Allegro moderato

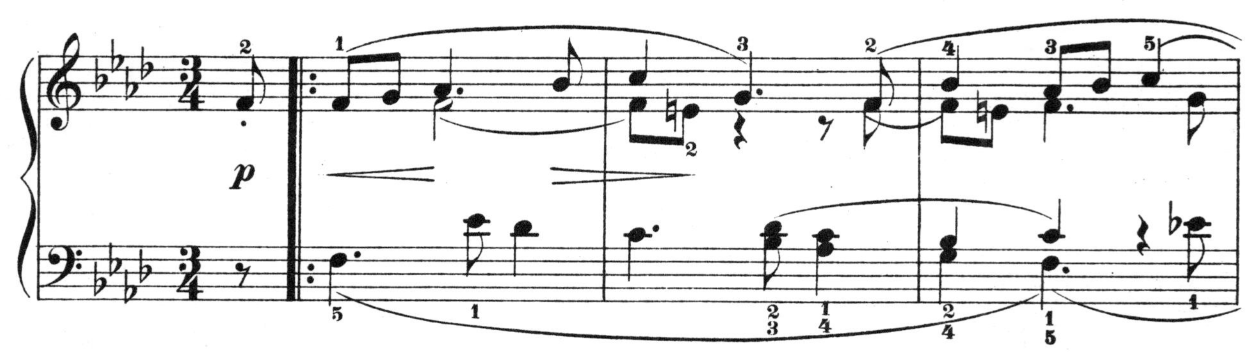

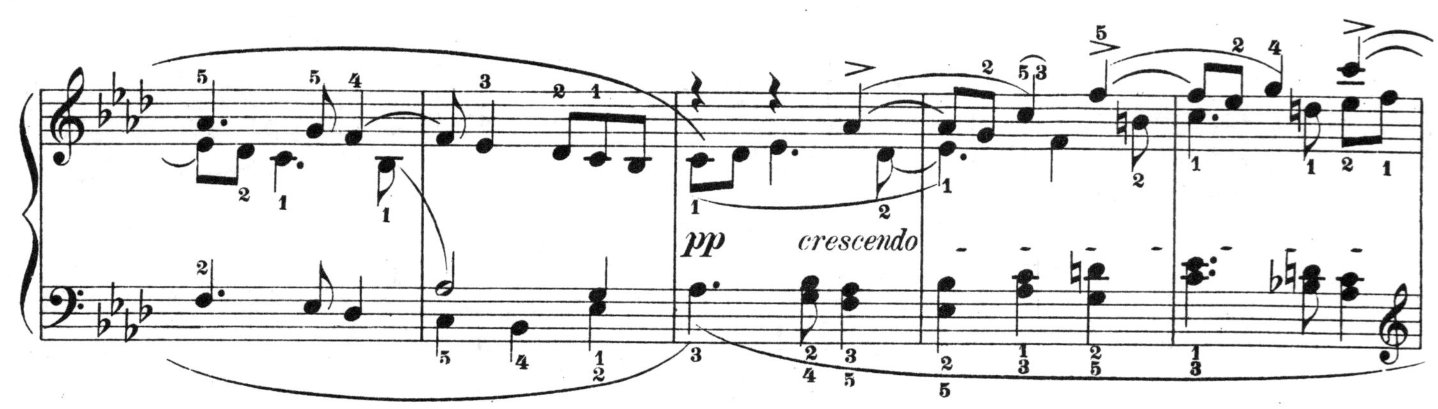

f dim.
p
cresc.
f
f
espress.
p
mf
1.
2.

p dolce espress.
cresc.
f
m.d.
dim.
fp
cresc.
f
sf dim.
fp cresc.

a)
f
dim.
p
espress.
m.d.
fp m.d.
ten.
dim. e rit.
sempre più p
calando
a)

4.

CAPRICCIO

Molto Allegro

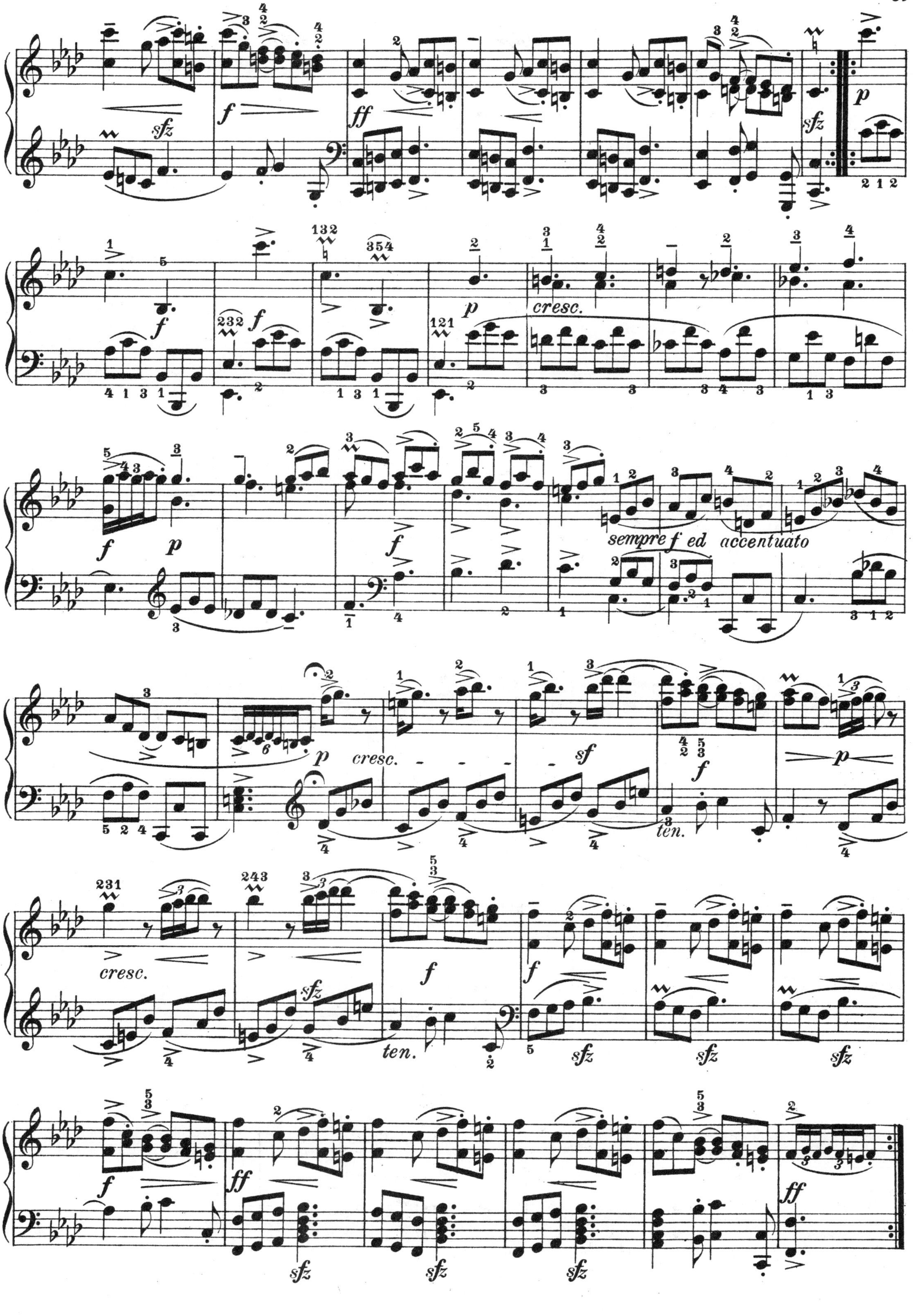
sfz
f
ff
sfz
p
f
p
cresc.
f
p
f
sempre f ed accentuato
p
cresc.
sf
f
ten.
p
cresc.
sfz
f
ten.
f
sfz
f
ff
sfz
ff

5.

SICILIANO

Andantino
ten.
p
dolce espress.
ten.
a)
tr
cresc.
mf
p
mf
p
espress.
tr
f
a)

6.

SCHERZO

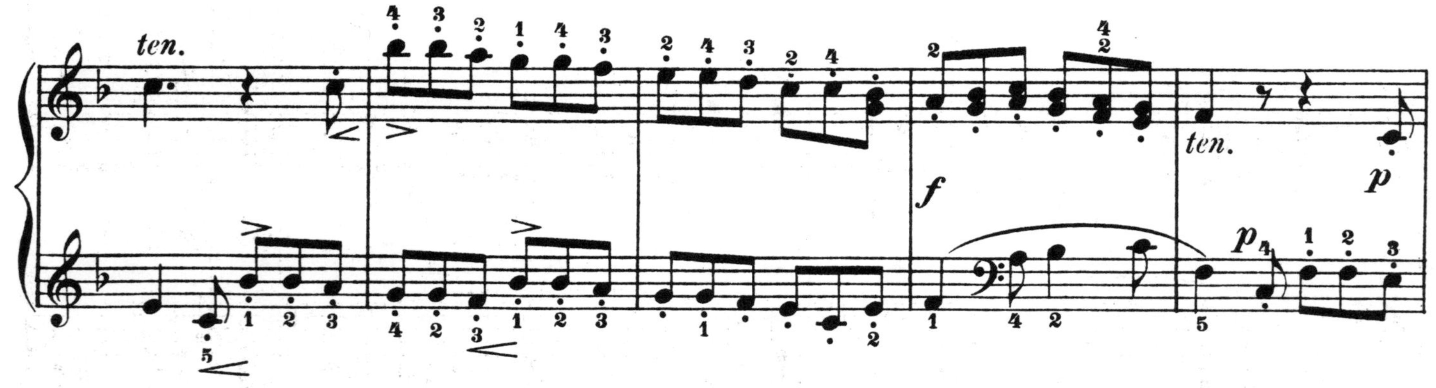

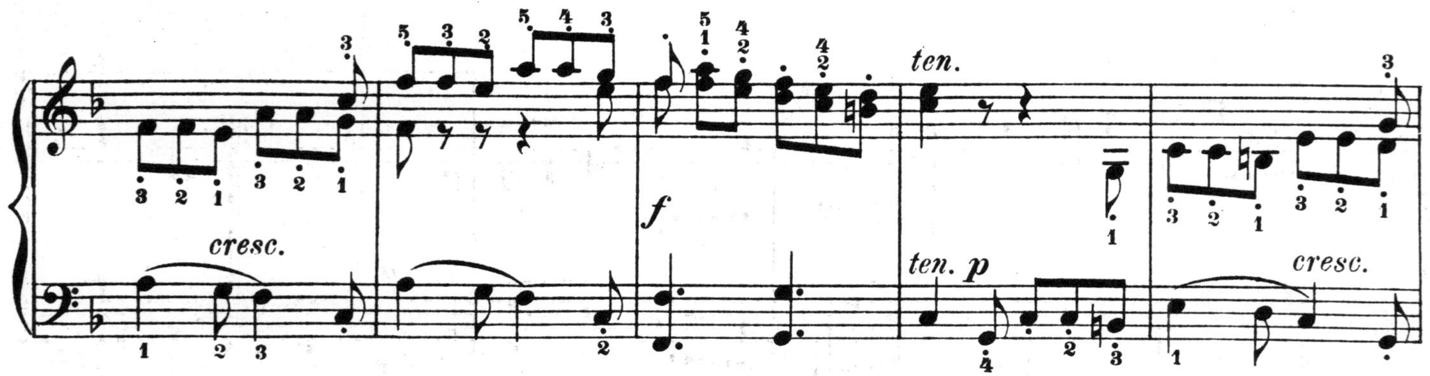

ten.
ten.
sf
sf
ten.
ten.
sf p
sfz p
sf p
ten.
pp
ten.
sfz p
poco cresc.
sfz f
p
dolce
tr
mf
dolce
cre - scen - do ed accel. molto
ff

1.
SONATA

Domenico Scarlatti, Heft III.

p
espress.
rfz
p
5
ritar - - dando
a tempo
p
cresc.
f
p
f
p
ff
pp
p
cresc. - - - -
f.
p cresc.
sfz
più f
mf
ff
Ped.
V

2.
COURANTE

3.

CAPRICCIO

4.

BOURRÉE

a) ![besser] besser: ![besser2]

*) „Composée à Aranjuez, maison de plaisance du roi d'Espagne, en 1754."
(Anmerkung der Wiener Gesamtausgabe.)

ff
fz
fz
ff
rinforz.
fz
fz
fz
fz
a)
dim.
p
p molto espress.
b)
fz
p
pp
p
cresc.
c)
f
ten.
ff
a)   b)   c) Vgl. unter b)

62
p
leggiero
a)
tr
p
tr
f
sempre
cresc.
tr
tr
tr
ff
sfz molto dim.
ten.
p
poco a poco cresc.
a)
besser:

5.

GAVOTTE

Moderato
f
fz
p
cresc.
fp
Ped.
fp
Ped.
fp
Ped.
fp
cresc.
f
fp
fp
tr
a) 13231
a) 13231

f
fp
cresc.
f
dol.
p
poco cresc.
dim.
f
sfz
sfz
p
f
sfz
sfz
fz
dim.
p
f
leggiero

6.

GIGUE

Vivace
f
p
cresc.
ff
sf longa
tr
mf
dim.
dim.
cresc.
f
sfz
sfz dim.
a)
b)
c)
d)

69
a)
tr
cresc.
tr
tr
f
cresc.
sf
sf
sf
sf
sf
sf
sf
sf
ff
sf
sf
sf
sf
sf
ff
p
mf
f
f
dim.
p
marcato
mf
f
dim.
p
fz
sf
p
fz
sf
p
f
p
rallen.
b)
tr
a)
b)

p
sfz
mf
p
mf
sfz
p
sfz
p
cresc.
ff
p
tr
tr
tr
tr
fp
cresc.
f
più f
poco dimin.
f

p
cresc.
fz pp
fz pp
ff
fz
fz
fz
51
fz
p
f
sfz
p
ten.
f
p
cresc.
f leggiero f
ff
sfz
dim.
mp
diminuendo e rallentando
tr